Tee macht richtig gute Laune. Er puscht das Wohlbefinden, sorgt für Vitalität, und ein Schönheitselixier ist er auch. Also nichts wie Tee trinken! Wir helfen Ihnen, aus dem überwältigenden Angebot Ihren Favoriten herauszufinden. Selbst eine japanische Teezeremonie ist im Programm. Gehen Sie mit diesem Buch auf Entdeckungsreise, lassen Sie sich von der Vielfalt in Sachen Tee überraschen.

Inhalt

Tees in Hülle und Fülle 4

Tees
in Hülle und Fülle

Voll im Trend und voller Wirkung

Tee verführt nicht nur die Sinne. Dringt man in sein Geheimnis ein, kommen Kräfte zum Vorschein, die Sie sich zunutze machen sollten. Ausgefeilte Kombinationen von Wirkstoffen geben dem Tee seine Power und Ihnen einen rundum gesunden und schönen Körper – viele Rezepte für Teedrinks und Schönheitspflege machen es Ihnen leicht. Probieren Sie's einfach aus!

Genuß & Medizin

Was will man mehr?

Tee wärmt Sie nicht nur von innen, er läßt Sie die Zeit vergessen und hilft Ihnen beim Entspannen – aber er kann noch mehr.

Wirkstoffbombe pur

Tees enthalten viele Inhaltsstoffe, die von medizinischem Wert sind. Ätherische Öle, Gerb- und Bitterstoffe sowie zahlreiche bioaktive Substanzen gehören zum Beispiel dazu. Diese Wirkstoffe finden sich in jedem Tee in einer speziellen, natürlichen Zusammensetzung, die seine besondere Kraft ausmacht. Deshalb wirken manche Tees zwar ähnlich, aber jede Sorte ist auch ein »Spezialist«.

Wenn Sie regelmäßig Tees trinken, hilft Ihnen das, gesund zu bleiben. Tee stärkt unter anderem Ihre Abwehrkräfte, greift dem Körper beim Entgiften unter die Arme, regt den Stoffwechsel an, vertreibt unerwünschte Müdigkeit und sorgt für rosige, straffe Haut – um nur einige Vorzüge zu nennen.

Aber welcher Tee?

Tees gibt es unendlich viele, die Entscheidung fällt schwer. In diesem Buch finden Sie die wichtigsten Teesorten und -mischungen in puncto Wellness und Beauty – kurz und knapp beschrieben: Neben der jeweiligen Wirkung – innerlich wie äußerlich – erfahren Sie Interessantes über Geschichte, Anbau und Ernte. Viele Rezepte für raffinierte Drinks, wohltuende Gesichtscremes, Masken, Lotions und mehr gibt es natürlich auch.

Damit bei Kauf, Lagerung und Zubereitung nichts schiefgeht, finden Sie gleich auf der nächsten Seite, was Sie dazu alles wissen sollten.

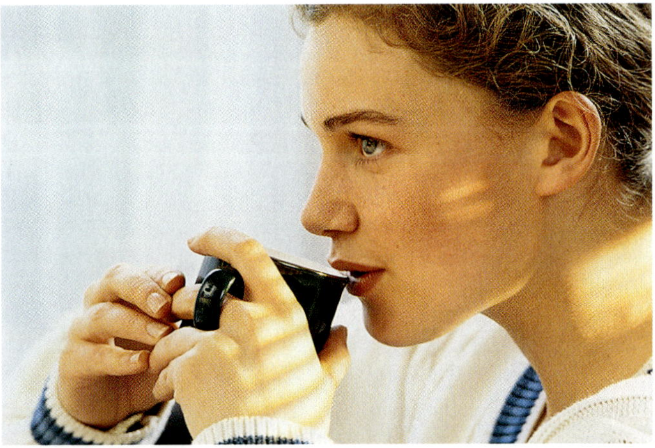

Teetrinken entspannt, wärmt von innen, macht fit, gesund und schön – mit dem richtigen Tee.

Tee zubereiten

Das Wichtigste zuerst

Tee kochen ist nicht gleich Tee kochen – gewisse Regeln sollten Sie berücksichtigen. Zumindest wenn Sie das volle Teearoma auskosten möchten. Die Teesorte spielt dabei erstmal keine große Rolle.

DER WASSERKESSEL

- Kochen Sie das Teewasser in einem Kessel – das hat Stil. Ein elektrischer Wasserkocher ist allerdings schneller.
- Wenn Sie der alten Tradition treu bleiben, verwenden Sie einen Kessel aus Edelstahl. Aluminium gibt krebserregende Stoffe an das Wasser ab, also lieber die Finger davon lassen.

DIE TEEKANNE

- Nicht jedes Material ist geeignet. In Ton, Porzellan und Glas fühlt sich der Tee am wohlsten. Auch gußeiserne Kannen sind nicht schlecht, diese sollten allerdings innen emailliert sein.
- Nehmen Sie die Kanne wirklich nur für die Zubereitung von Tee. Einmal Kaffee in der Kanne – und das zarte Teearoma hat keine Chance mehr.
- Spülmittel ist für die Kanne Gift. Einfach nur mit heißem Wasser auswaschen: Der Belag darf bleiben, und der Tee behält seinen wahren Geschmack.

DIE TEETASSE

- Aus dünnwandigen Porzellantassen mit weiter Öffnung trinkt sich Tee am besten. Hier kann sich das Aroma optimal entfalten. Etwas stabilere Tassen aus Ton oder Keramik sind aber auch nicht schlecht.
- Machen Sie es den Japanern und Chinesen nach. Dort trinkt man noch heute traditionell aus Teeschalen ohne Henkel.
- Mit unseren westlichen Teetassen stecken wir die kleineren asiatischen in die Tasche. Statt etwa 100 ml Inhalt haben sie fast das doppelten Fassungsvermögen. Sollten Sie eine genaue Tassenanzahl benötigen, rechnen Sie Wasser- und Teemenge entsprechend aus.

DAS WASSER

- Hartes Wasser mit viel Kalk nimmt dem Tee Farbe und Geschmack. Weiches, kalkarmes Wasser sollte es sein. Hartes Wasser durch einen speziellen Filter laufen lassen, um es zu entkalken. Eine andere Möglichkeit: Quell- oder stilles Mineralwasser kaufen.
- Das Wasser immer frisch aufkochen. Nie dem Boiler entnehmen – das schmeckt nicht!

DER TEEAUFGUSS

Jeder Tee hat seine Eigenheiten und muß etwas anders aufgegossen werden. Wie's geht, können Sie in der Zubereitungsbox bei jeder Teesorte nachlesen.

TEE-EI & CO.

- Das Tee-Ei ist praktisch, aber nicht unbedingt sinnvoll: Der Tee quilt auf und verstopft von innen die kleinen Löcher. Ein Austausch zwischen Wasser und den Inhaltsstoffen des Tees kann nicht optimal stattfinden.

- Teezangen oder -siebe sind schon besser. Durch das feine Metallgeflecht hat der Tee eine bessere Möglichkeit, seine Inhaltsstoffe an das Wasser abzugeben. Teesiebe gibt es auch aus Bambus, sie beeinflussen allerdings den Geschmack des Tees.

- Teefilter aus Papier und Stoffnetze ermöglichen dem Tee, gut aufzuquellen und seine Inhaltsstoffe abzugeben. Daß der Stoff sich verfärbt, sollte Sie allerdings nicht stören; das Papier kann kompostiert werden.

- Am besten: Teeblätter lose in die Kanne geben, mit heißem Wasser übergießen und den Tee durch ein Sieb in eine zweite, vorgewärmte Kanne schütten.

Kauf & Lagerung

Egal um welchen Tee es sich handelt: Beim Kauf und bei der Lagerung sollten Sie einige Dinge beachten.

Gut gekauft

- Geben Sie lieber ein paar Mark mehr aus. Ein höherer Preis spricht in den meisten Fällen für echte Qualität: Der Tee wurde mit großer Sorgfalt hergestellt. Oft ist der Preis auch ein Hinweis darauf, daß weder Umwelt noch Mensch bei der Produktion leiden. Eine Garantie gibt es aber nicht.
- Kaufen Sie in Naturkostläden, Reformhäusern oder Teefachgeschäften. Hier können Sie oft von unbekannten Sorten erstmal eine kleine Menge zum Probieren nehmen. Schmeckt Ihnen der Tee, können Sie auf größere Mengen umsteigen.
- Kaufen Sie lieber losen Tee, denn die praktischen Teebeutel sind meistens von geringerer Qualität.
- Schauen Sie sich den Tee in der Tüte an. Bläßlichen oder leicht grauen Tee können Sie vergessen, die Farbe soll kräftig sein. Riecht er dazu noch intensiv, können Sie ohne Bedenken zugreifen.

Optimal gelagert

Tee ist eine Mimose, er muß liebevoll behandelt werden.

- Jede Sorte braucht ihr persönliches Gefäß, schließlich ist Aromaschutz angesagt. Tee aus Tüten also umfüllen.
- Das Gefäß – es eignen sich Holz, Blech oder Porzellan – immer gut verschließen und an einen absolut trockenen Ort stellen. Kühl und dunkel soll er zudem sein, denn Sonne und Wärme mag keine Teesorte.
- Kleine Dosen sind ideal. Bei jedem Öffnen tritt nämlich etwas Feuchtigkeit ein und zugleich verfliegt Aroma. In zu großen Gefäßen verliert der Tee deshalb im Laufe der Zeit an Qualität.

Grüner Tee

Eine asiatische Köstlichkeit

Bereits vor mehr als 4000 Jahren machte man sich in China die Heilkraft des Grünen Tees zunutze. Er war Volksgetränk, und er wurde als Medizin hoch geschätzt. Schnell machte der Tee in ganz Asien die Runde.

Es war einmal ...

Zahlreiche Legenden ranken sich um die Entdeckung des Tees. In China erzählt man sich vom Kaiser Shen Nung (2737–2697 v. Chr.), dessen Kochwasser zufällig durch herabfallende Blätter eines nahestehenden, wild wachsenden Strauchs grün gefärbt wurde. Shen Nung überlegte nicht lange und probierte das herrlich duftende Getränk. Es schmeckte köstlich, und es verlieh ihm neue Kräfte.

Siegeszug durch die ganze Welt

Ob Shen Nung den Tee nun wirklich entdeckt hat – wer weiß? Fest steht aber, daß die Wiege des heutigen Grünen Tees in China liegt, wo die Teepflanze in Klostergärten kultiviert wurde. Von dort aus setzte der Tee seinen Siegeszug fort.
Nach Tibet, Japan und Indien entdeckten auch Rußland und Europa im Laufe der Zeit das köstliche Getränk.

Was ist drin im kleinen Grünen?

Grüner Tee wurde schon sehr früh als Heil- und Arzneimittel eingesetzt. Wissenschaftliche Untersuchungen bestätigen eine heilende Wirkungen. Bereits zwei bis drei Tassen pro Tag sind ausreichend.

Gesunder Muntermacher

Grüner Tee enthält Koffein. Es ist aber, anders als bei schwarzem Tee oder Kaffee, an Gerbstoffe gebunden und verteilt sich deshalb sanft und langsam im Körper. So

Wann und wie die Teeblätter gepflückt und verarbeitet werden, bestimmt Qualität und Wirkung.

hält die belebende Wirkung länger vor. Zudem erhöht Koffein den Stoffwechsel und die Durchblutung des Gehirns – Konzentration und Lernfähigkeit steigen. Das Kaffee-Koffein dagegen beeinflußt Herz und Kreislauf.

Gut für die Verdauung

Bitter- und Gerbstoffe geben Grüntee nicht nur sein besonderes Aroma. Bitterstoffe aktivieren die Verdauung und den Stoffwechsel. Gerbstoffe sind wegen ihrer beruhigenden Wirkung auf Magen und Darm so gut wie unschlagbar.

Viele Vitamine

Grüner Tee enthält viele lebenswichtige Vitamine – Vitamin C und Betacarotin (Provitamin A) hochkonzentriert. Beide Vitamine gelten als »Antioxidantien« und machen Freie Radikale (Seite 25) unschädlich. Grüner Tee hat daher eine zellschützende Wirkung und ist im Kampf gegen Krebs ein starker Mitstreiter, indem er die Entstehung verhindern hilft.

info:

AB IN DIE TÜTE

Grüntee stammt vom gleichen Teestrauch wie schwarzer Tee. Allein die Behandlung der Blätter verändert Farbe, Aroma und natürlich die Wirkung des Tees.

- Bei der Herstellung von schwarzem Tee läßt man die Blätter zuerst welken. Sie verlieren dabei 30 Prozent ihrer Feuchtigkeit. Dann werden sie gerollt, so daß die Oberfläche des Teeblatts aufbricht. Jetzt beginnt der Fermentationsvorgang: Der Sauerstoff der Luft verbindet sich mit den austretenden Zellsäften und löst eine Art Gärung aus. Der Geschmack des Tees verändert sich.

- Bei Grünem Tee werden die Blätter sofort erhitzt. Der Zellsaft bleibt eingeschlossen, der Fermentationsprozeß kann nicht einsetzen. Erst jetzt geht es ans Rollen der Blätter. Die Restflüssigkeit tritt so nach und nach aus.

Der Schluß ist gleich: Die Blätter werden rasch getrocknet, sortiert und verpackt.

Mineralstoffe & Co.

In Grünem Tee sind neben einem hohen Anteil an Fluor und Mangan auch Spuren von Zink, Kupfer Magnesium und zahlreiche weitere wichtige Vitalstoffe enthalten. Wenn Sie nur 1 Liter Grünen Tee über den Tag verteilt trinken, können Sie mehr als die Hälfte Ihres täglichen Mangan-Bedarfs sichern: Dieser Mineralstoff ist wichtig für das Bindegewebe, die Entgiftung des Körpers, und er stärkt das Immunsystem. Fluor sorgt für stabile Knochen und gesunde Zähne.

Der Star: EGCG

EGCG ist eine pflanzliche Substanz, die in Verbindung mit anderen Inhaltsstoffen das Wachstum von Krebszellen in Magen, Leber und auf der Haut stoppen kann. Außerdem hemmt EGCG die Blutgerinnung und beugt so Herz-Kreislauf-Erkrankungen, Schlaganfall und Herzinfarkt vor.

info:

DIE WICHTIGSTEN SORTEN AUF EINEN BLICK

GRÜNTEES AUS CHINA

- Gun Powder: Die kleinen Teekugeln knistern beim Aufbrühen mit heißem Wasser. Der Geschmack ist herb-kräftig.
- Chun Mee: Einfache Qualität, die durch einen frischen, leichten Geschmack überzeugt.
- Oolong: Halb schwarzer und halb grüner Tee. Der Fermentationsprozeß wird etwa nach der Hälfte der Zeit abgebrochen.
- Jasmintee: Halbfermentiertem Oolong werden frische Jasminblüten beigemischt. Unbedingt auf gute Qualität achten!

GRÜNTEES AUS JAPAN

- Bancha: Teesorte von niedriger Qualität. Der Tee hat ein herbes Aroma mit süßlichem Nachgeschmack.
- Gyokuro: Beste und teuerste Grünteesorte, bei der nur sehr zarte Blätter verwendet werden. Das Aroma des Tees ist kräftig.
- Matcha: Klassischer Tee der japanischen Teezeremonie (siehe Seite 40) in Pulverform. Der Geschmack ist konzentriert herb.
- Sencha: Nationalgetränk des Landes. Das leicht bittere Aroma wird durch eine Spur blumiger Süße untermalt.

Auch für die Schönheit gut

Grüner Tee hilft nicht nur von innen, er zeigt auch von außen, was er drauf hat: Die Gerbstoffe wirken auf die Haut, so daß sie straffer aussieht, sie regulieren den Säureschutzmantel und lassen Hautrötungen und -reizungen aufgrund der entzündungshemmenden Wirkung abklingen. Und auch Ihre Haare bekommen mit Hilfe von Grünem Tee einen samtigen Glanz.

Extrakt aus Grüntee

Hochkonzentrierter Tee für die folgenden Rezepte:

200 ml destilliertes Wasser
5 gehäufte Teelöffel Grüner Tee

Das Wasser aufkochen und wenige Minuten abkühlen lassen. Teeblätter mit dem Wasser übergießen, abgedeckt 15 Minuten ziehen lassen, dann durch ein feines Sieb abseihen. Den Extrakt ganz auskühlen lassen und in eine Flasche füllen.

Anregendes Peeling

2 Eßlöffel Heilerde für die äußere Anwendung (aus dem Reformhaus)
2 Eßlöffel Weizenkleie
1 Teelöffel Honig
etwa 150 ml Grüntee-Extrakt

Heilerde, Kleie, Honig und Extrakt in einer Schüssel zu einer cremigen Peelingmasse vermengen. Auf Gesicht und Dekolleté auftragen und mit kreisenden Bewegungen einmassieren. Mit lauwarmem Wasser abwaschen.

Wohltuende Gesichtsmaske

2 Eßlöffel Quark
2 Eßlöffel weiches Avocado-fruchtfleisch
1 Eßlöffel Honig
1 Eßlöffel Olivenöl
1 Eßlöffel Apfelessig
aufgebrühte Teeblätter des Extrakts

GRÜNEN TEE ZUBEREITEN

1. Das Teewasser (1 Liter) kochen und dann auf etwa 70 °C abkühlen lassen. 3 bis 5 gestrichene Teelöffel Tee (= 5 Tassen) in eine Kanne geben. Mit Wasser aufgießen.

2. Tee ziehen lassen: einfache Sorten 1 Minute, gute Sorten maximal 3 Minuten. Längeres Ziehen gibt ein bitteres Aroma, die anregende Wirkung läßt nach.

3. Tee durch ein feines Sieb in eine zweite vorgewärmte Kanne gießen. Pur oder mit nur wenig Zucker genießen.

4. Teeblätter können noch zwei- oder dreimal aufgegossen werden. Dann nur halb so lang ziehen lassen.

Quark, Avocado, Honig, Öl und Essig in einer Schüssel gut miteinander verrühren, Teeblätter untermengen.
Das Gesicht mit lauwarmem Wasser anfeuchten, trockentupfen. Die Maske auftragen und etwa 20 Minuten einwirken lassen.
Dann die Maske abnehmen und das Gesicht mit lauwarmem Wasser nachwaschen.

Beruhigende Hautpflege

100 g Gesichtscreme oder Körperlotion (ohne künstliche Farb- und Duftstoffe)
1 bis 2 Eßlöffel Grüntee-Extrakt

Zuerst Gefäße und Rührgerät mit 70%igem Alkohol desinfizieren.
Creme oder Lotion in einer kleinen Schüssel nach und nach mit dem Extrakt zu einer homogenen Masse verrühren. In ein gut verschließbares Gefäß füllen, im Kühlschrank lagern.
Rasch verbrauchen, da die Creme oder Lotion nicht lange haltbar ist.

Shampoo für glänzendes Haar

1 Flasche Shampoo Ihrer Wahl (ohne künstliche Farb- und Duftstoffe; 200 ml)
200 ml Grüntee-Extrakt

Die Hälfte des Shampoos in eine zweite Flasche gießen. Beide Hälften mit jeweils 100 ml Extrakt aufgießen und vorsichtig verschütteln. Dann das Shampoo wie gewohnt anwenden.

Pu-Erh
Das kleine chinesische Wunder

Die Verwandtschaft macht sich bemerkbar: Der Pu-Erh-Tee stammt von den gleichen Teepflanzen wie grüner und schwarzer Tee. Seine heilende Wirkung kommt also nicht von ungefähr. Allerdings kommt er aus einer ganz bestimmten Region des Landes.

Pu-Erh hat ein besonderes Zuhause

Der Pu-Erh-Teebaum ist ganz schön eigenwillig. Er wächst allein im Südwesten Chinas, in der Provinz Yunnan rund um den Bezirk Pu-Erh, der dem Tee auch seinen Namen gab. Nur hier herrschen jene unvergleichlichen klimatischen Bedingungen, die die Bäume unbedingt brauchen. In allen anderen Gegenden machen sie im wahrsten Sinne des Wortes einfach schlapp.

Wo Teesträucher in den Himmel wachsen

Die Pu-Erh-Bäume wachsen im Klima dieser Region wild zu ihrer vollen Pracht heran. Aus kleinen Teepflanzen entstehen uralte Bäume von urigem Wuchs mit sehr kräftigen, ungewöhlich großen Blättern. Diese brachten dem Pu-Erh-Baum den chinesischen Beinamen »dayeh« ein, wie er oftmals von Einheimischen genannt wird.

Verwandt und doch anders

Daß dieser Baum mit den Teesträuchern des grünen und schwarzen Tees verwandt sein soll, glaubt man kaum. Schon allein der unterschiedlichen Größe wegen würde man nicht darauf kommen. Wächst der »dayeh« allerdings in anderen Gebieten, erreicht auch er nur die Größe eines Strauchs. Grund: der Beschnitt und natürlich das falsche Klima.

info:

Nur vom Besten soll es sein

- Grob geschnitten muß der Pu-Erh-Tee sein, dann ist eine sehr gute Qualität gewährleistet. Dafür müssen Sie pro 100 Gramm mit mindestens 15 DM rechnen.
- Prüfen Sie Angebote in Beutelform. Die Beutel sollten keinen pulverförmigen Tee enthalten, da dieser schlichtweg ein Abfallprodukt der Teeherstellung ist.
- Zu Würfeln oder Kugeln gepreßter Tee kann ebenfalls nicht mit hoher Qualität prahlen. Allein wegen des einfacheren Transports haben Teefarmer die Blätter in Form gebracht. Daß der Tee dafür im Schnelldurchlauf erhitzt werden muß, ist für die Inhaltsstoffe nicht von Vorteil. Sie sind so gut wie verloren.

Je mehr Zeit zum Reifen der Pu-Erh während der Herstellung hat, desto wertvoller ist er – und desto teurer. Wenn Sie sich so einen feinen Tee gönnen, dann lassen Sie sich auch selbst alle Zeit der Welt für den Genuß.

Vom grünen Blatt zum roten Tee

Nachdem die großen grünen Blätter des »dayeh«-Teebaumes gepflückt sind, kommen sie in eine Presse. Auf diese Weise brechen die Blattzellen auf und die Fermentation, die Umwandlung des Zellsaftes, kann beginnen. Jetzt machen sich spezielle Bakterien ans Werk. In jahrelanger Arbeit verwandeln sie die urprünglich grünen in rote Blätter. Der Pu-Erh-Tee ist geboren.

Wie guter Wein

Guter Pu-Erh-Tee braucht seine Zeit. Je länger der Tee reifen kann, sprich je länger er aufgebrochen gelagert wird und die Bakterien den Zellsaft verarbeiten können, desto wertvoller wird er.
Bis zu 60 Jahre alter Pu-Erh ist eine Rarität und nicht ganz billig, aber der Kauf lohnt sich.

Der Preis macht's doch

Die Qualität des Tees ist das Aushängeschild eines jeden Teeherstellers. Um diese zu gewährleisten, wird die Produktion von Beginn an streng überwacht.
Je nach Ernte und Verarbeitung kann die Qualität dennoch immer wieder variieren. Deswegen helfen zehn Qualitätsstufen dem Hersteller bei der Einteilung und Ihnen beim Kauf.
Am besten – und natürlich am teuersten – ist der Tee mit der Nummer 1.

Lange Waisenkind, jetzt gefragt wie nie

In China wird Pu-Erh-Tee von jung und alt seit ewigen Zeiten jeden Tag getrunken. Seine heilende Wirkung entdeckte man allerdings erst Ende des 15. Jahrhunderts. Mittlerweile ist der Tee fester Bestandteil der traditionellen chinesischen Medizin. Bei uns steht er erst seit kurzem im Rampenlicht.

Bitter macht lustig

So mancher verzieht das Gesicht, wenn er den Tee zum ersten Mal probiert. Der intensiv herb-erdige Geschmack ist nicht jedermanns Sache. Schuld daran sind die enthaltenen Bitterstoffe. Und Pu-Erh-Tee hat eine ganze Menge davon. Aber was soll's, Augen zu und durch! Denn genau diese Stoffe regen die Verdauung an. Eine Tasse Pu-Erh-Tee nach dem Essen – und die aufkommende Trägheit ist wie weggeblasen.

Koffein macht munter

Genau wie grüner Tee hat auch Pu-Erh reichlich »sanftes« Koffein zu bieten, das Sie munter und leistungsfähig macht (Seite 9), ohne aufzuregen.

Fleißige Helfer: Saponine

Saponine (sekundäre Pflanzenstoffe) wirken über die Zellmembran des Darms. Sie binden mit der Nahrung aufgenommenes Cholesterin und scheiden es sofort wieder aus. Es hat also keine Chance, sich im Körper anzureichern und den Cholesterinspiegel zu erhöhen.

Zugleich stärken Saponine ganz nebenbei das Immunsystem, binden überschüssige Gallensäure und machen krankheitserregenden Bakterien, Viren und Pilzen den Garaus.

PU-ERH-TEE ZUBEREITEN

1. Das Teewasser (1 Liter) zum Kochen bringen. Etwa 5 gestrichene Teelöffel Tee (= 5 Tassen) in die Kanne geben. Mit dem Wasser aufgießen.

2. Tee ziehen lassen: Bei 2 bis 3 Minuten erhalten Sie ein mildrauchiges Aroma, die anregende Wirkung ist stark. Bei 3 bis 5 Minuten kommt der leicht erdige Geschmack zur Geltung, die anregende Wirkung ist wesentlich schwächer. Zieht der Tee länger als 10 Minuten, ist er etwas für geschmacklich Hartgesottene. Empfindliche Mägen profitieren jetzt davon, ziemlich dominant ist aber der erdige Geschmack.

3. Tee durch ein feines Sieb in eine zweite, vorgewärmte Kanne gießen. Pur oder mit wenig Honig, Ahornsirup, Agavendicksaft oder Steviablättern (alles im Reformhaus oder Naturkostladen erhältlich) genießen.

4. Bis zu vier weitere Aufgüsse sind möglich. Dann aber nur die Hälfte der Zeit ziehen lassen.

Pu-Erh läßt die Pfunde purzeln

Von einer gertenschlanken Figur träumen viele. Pu-Erh-Tee soll beim Gewichtverlieren auf natürliche Weise helfen. Nach 2 bis 3 Wochen können Sie den Gürtel bereits enger schnüren. Vorausgesetzt, Sie essen bewußt und treiben auch etwas Sport.

Schlank – und keiner weiß so recht wie

Einige Inhaltsstoffe des Tees scheinen den Fettstoffwechsel ein wenig durcheinanderzubringen. Pu-Erh zwingt vermutlich die Leber, für die Bildung von Gallensäure – die sie braucht, um uns zu entgiften – auf körpereigene Fette zurückzugreifen. Kleine Fettpölsterchen werden so entweder nach und nach abgebaut oder sie können erst gar nicht entstehen.
Täglich 3 bis 4 Tassen reichen aus. Alle 4 Wochen eine Pause einlegen – das verhindert den Gewöhnungseffekt, der die Wirkung beeinträchtigt.

Partytime – Pu-Erh lädt ein

Die guten Eigenschaften des Tees sind verführerisch, vor allem wenn Sie ihn als Cocktail oder Drink servieren. Mit wenigen Zutaten aufgepeppt, ist er prickelnde Erfrischung, extravaganter Gaumenschmeichler und gesunder Genuß in einem – genau richtig für geladene Freunde. Nachfolgendes Rezept ist nur eine Anregung, Ihrer Phantasie ist kein Limit gesetzt.

Pu-Erh gespritzt

1/2 Liter Pu-Erh-Tee
1/2 Liter lieblicher Cidre
1 Eßlöffel Honig
ein Stück Schale von einer ungespritzen Zitrone
2 bis 3 Minzezweige
einige Eiswürfel

Alle angegebenen Zutaten bis auf das Eis mischen und im Kühlschrank etwa 1 Stunde ziehen lassen. Die Eiswürfel in sehr schlanke, hohe Gläser verteilen, den Drink daraufgießen.

Matetee

Grünes Gold der Indios

Seine Heimat ist das sonnige Brasilien: Der Matebaum, eine Stechpalmenart, wird dort seit langer Zeit angebaut. Die Indios schoben sich die Blätter des immergrünen Baumes in den Mund und kauten sie bedächtig. Sie waren ihr »Kraftspender«. Heute wird Mate hauptsächlich als Tee genossen.

Europas Darling

Eroberer aus Spanien und Portugal verfielen dem »Gold der Indios«. Sie waren vom Geschmack und vor allem von der Wirkung des Tees begeistert. Im 16. Jahrhundert brachten sie den ersten Matetee mit nach Europa. Es dauerte nicht lange, und Mate erfreute sich auch bei uns großer Beliebtheit.
In den zwanziger und dreißiger Jahren wurde er sogar zum Modegetränk. Heute erlebt der Tee sozusagen seine Renaissance.

Entdeckung!

Die Verbreitung von Mate war lange Zeit ein Rätsel, da die Samen nicht keimen wollten. Endlich beobachteten Missionare Fasane, die Samen aufpickten und mit dem Kot wieder ausschieden. Genau an diesen Stellen wuchsen junge Matebäume. Ab sofort kamen Samen mit ins Hühnerfutter – und es funktionierte. Das ist jetzt etwa 250 Jahre her.

Die Zeiten ändern sich

Seitdem floriert der Handel mit Mate. Plantagen mit Hunderten von Bäumen sind keine Seltenheit. Die Arbeit der Hühner übernehmen mittlerweile Maschinen: Sie zerquetschen die Samen einfach. So vorbereitet in fruchtbaren Boden gesetzt, gedeiht der Matebaum im Klima Südamerikas prächtig.

So wird geerntet

Nur die feinen Blätter junger Bäume sind gut genug für den Tee. Ganz frisch werden

Matetee auf südamerikanisch: Serviert in der Cuia (statt Kürbis) mit Bombilha, dem Trinkhalm.

sie entweder an fingerdicken Zweigen über offenem Feuer geschwenkt und vorsichtig gedörrt oder auf Gestellen lose an der Luft getrocknet. Nach der Ernte hat sich der Baum eine Ruhepause verdient. Erst nach einem Jahr wird wieder gepflückt.

Nationalgetränk für jeden Gast

In weiten Teilen Südamerikas ist es gang und gäbe, jeden Besucher mit Matetee zu empfangen. Aufgebrüht und serviert wird er traditionell in einem ausgehöhlten Kürbis oder in einem Trinkgefäß namens Cuia. Man reicht das Getränk herum, und jeder saugt den köstlichen Tee durch ein Metallröhrchen, das am unteren Ende mit einem Sieb versehen ist.

Mate, der kann was!

Füllen Sie den heißen Matetee in eine Thermoskanne, und trinken Sie ihn über den ganzen Tag verteilt. So wirken die heilenden Inhaltsstoffe am besten. Mehr als 6 Tassen Tee pro Tag sollten es aber nicht sein.

Anregen, ohne aufzuputschen

Etwa die Hälfte des im Matetee enthaltenen Koffeins ist wie bei grünem Tee und bei Pu-Erh-Tee an Gerbstoffe gebunden. Somit ist es nicht frei verfügbar und braucht seine Zeit, bis es wirken kann. Ihrem Körper tut das nur gut (Seite 9).

Herb, aber gesund

Matetee hat einen gewöhnungsbedürftigen, recht herben Geschmack. Schuld sind wieder mal die Bitterstoffe, die beim Aufbrühen in den Tee übergehen.
Aber sie sind es auch, die dem Stoffwechsel und der Verdauung einen kleinen Schubs geben (Seite 9).

Biostoffe vom Feinsten

Auch sie kümmern sich um Ihre Gesundheit: aktive Biostoffe. Saponine zum Beispiel sorgen für den richtigen Cholesterinspiegel, ein gut funktionierendes Immunsystem und so manches mehr (Seite 14).

Flavonoide sind Ihre Partner in Sachen Krebsvorsorge. Wegen ihrer starken antioxidativen Wirkung haben Freie Radikale (Seite 25) so gut wie keine Chance. Zudem wirken sie entzündungshemmend, entgiftend und wie die Saponine cholesterinsenkend.

Genau das Richtige im Büro: Ein paar Tassen Matetee halten fit und munter, so wie Grüner oder Pu-Erh-Tee, und viel besser als Kaffee.

Single, Double, Tripple – Ihre Wahl

Wahre Puristen lassen nichts auf einen Matetee kommen, der ohne weitere Zugaben frisch aufgebrüht wurde. Sie sagen, alles andere verfälsche das Aroma. Doch eine geschmackvolle Komposition verspricht Genuß und Abwechslung.

Macht Appetit

- Mischung »Lemon«: Mate, Sonnenblumenblüten und Zitronengras
- Mischung »Earl Grey«: Mate, Kornblumenblüten und Zitronengras

Für gute Laune

- Mischung »Schoko«: Mate, Kaktusblüten, Mandelstücke, Kakaobohnen und Schokoladenaroma

Diese und weitere Fertigmischungen erhalten Sie in jedem Reformhaus oder in Naturkostläden. Und auch Teeläden haben ein äußerst vielfältiges Angebot.

Matetee zubereiten

1. Das Teewasser (1 Liter) zum Kochen bringen. Etwa 5 gestrichene Teelöffel Tee (= 5 Tassen) in die Kanne geben, für einen milderen Tee nur 4 Teelöffel. Mit dem Wasser aufgießen.

2. Den Tee 5 bis 10 Minuten ziehen lassen. Je länger, desto kräftiger wird sein Geschmack. Die anregende Wirkung läßt zugleich nach.

3. Tee durch ein feines Sieb in eine zweite, vorgewärmte Kanne schütten. Den Tee pur oder mit einem Spritzer Zitronensaft und wenig Ahornsirup genießen.

4. Die Blätter können Sie noch ein zweites Mal aufgießen. Danach ist allerdings Schluß.

Mate frisch gemischt

Falls Sie Lust auf etwas Besonderes haben, lassen Sie sich Ihre ganz persönliche Mischung frisch zusammenstellen.
Gute Teeläden beraten Sie gerne. Bei manchen Zutaten müssen Sie zwar eventuell einen Abstecher in die Apotheke oder einen Kräuterladen machen, aber das Ergebnis belohnt Sie.

Gut für die Verdauung

- Mischung »Exotika«: Mate, Zimtstange, Sternanis, Gewürznelke, Kokosraspel und Guaranasamen

Ausgleichend und beruhigend

- Mischung »al orange«: Mate, Orangenblüten, Sarsaparillewurzel, Johanniskraut

Einfach zum Genießen

- Mischung »good mood«: Mate, Apfelstückchen, Himbeer- und Brombeerblätter, Vanillestückchen

Für diese Mischungen jeweils 50 g Matetee mit je 2 Eßlöffeln der anderen Zutaten mischen. Davon pro Tasse 1 gestrichenen Teelöffel mit 150 ml heißem Wasser aufbrühen und je nach Geschmack 5 bis 10 Minuten ziehen lassen.

Heiße Phantasien

Heiß und ohne alles – so kennt man Matetee. Dazu ein Schuß von dem und etwas von jenem, und schon entstehen Köstlichkeiten, die Lust auf mehr machen.

Mate »nationale«

1 Liter Matetee
Saft von 1 Zitrone
2 bis 3 Eßlöffel Honig
1 kleiner, ausgehöhlter (Flaschen-)Kürbis
einige Zitronenscheiben

Den heißen Tee mit Zitronensaft und Honig mischen, bis sich der Honig gelöst hat, und in den Kürbis gießen. Die Zitronenscheiben einschneiden und den Kürbisrand damit dekorieren. Einige Strohhalme hineinstecken und den Mate »nationale« zu mehreren genießen.

Sehr stilvoll: Matetee im Kürbis serviert. Statt mit den typischen Metallröhrchen (Bombilla) schlürfen Sie den Tee mit bunten Strohhalmen.

Tip: Sie können den Tee auch gleich im ausgehöhlten Kürbis aufbrühen. Dafür hängen Sie die Teeblätter in einem Teefilter aus Stoff oder Papier hinein.

Für die Schönheit

Nach einem anstrengenden Tag oder zu wenig Schlaf sind die Augen oft müde und gerötet. Viel brauchen Sie nicht, um sie wieder strahlend und erholt aussehen zu lassen.

Gegen müde Augen

250 ml destilliertes Wasser
1 Eßlöffel Mateteeblätter

Das Wasser zum Kochen bringen. Die Teeblätter damit übergießen und etwa 5 Minuten ziehen lassen. Aufguß durch ein feines Sieb abgießen, vollkommen auskühlen lassen.
Wattepads mit dem Aufguß tränken und einige Minuten auf die Augen legen.

Lapacho-tee

Rinde vom Baum des Lebens

Was bereits den Inkas bekannt war, ist jetzt auch bei uns in aller Munde. Der Lapachotee ist wegen seiner besonders wertvollen Kombination an Wirkstoffen das »Allround«-Heilmittel schlechthin. Die südamerikanischen Urvölker bezeichnen deswegen den Baum, aus dem der Tee gemacht wird, als Baum des Lebens oder Baum der Götter.

Anno dazumal

Schon allein wegen seiner einzigartigen Blütenpracht mußte der Baum den Inkas im dichten Grün des Regenwaldes auffallen. Instinktiv schnitten sie verschiedene Teile des Baumes ab, verarbeiteten sie und entdeckten bald, daß die heilenden Kräfte in der Rinde lagen. Seitdem benutzten die Inkas Lapachorinde als Arznei. Die Medizinmänner und Schamanen ihrer indianischen Nachkommen machten sich dieses Wissen, das sie aus Überlieferungen kannten, ebenfalls zunutze. Mittlerweile ist der Lapachotee aus der südamerikanischen Volksmedizin nicht mehr wegzudenken.

Tee aus dem Regenwald

Am wohlsten fühlt sich der Lapachobaum nach wie vor in südamerikanischen Regenwäldern, aber er kommt ab und zu auch in Indien vor. Verwendet wird nur die innere Rinde. Zur Herstellung von Tee trägt man zunächst vorsichtig die äußere Rinde ab. Nun liegt die innere Rinde frei und kann abgeschält und geraspelt werden.

Je älter, desto besser

Um Rinde mit sehr hoher Wirkung zu erhalten, ist Geduld gefragt. Erst nach fast einem halben Jahrhundert liefert der Baum Rinde, die die wertvollen Inhaltsstoffe in voller Konzentration enthält. Das ist genaugenommen gar nicht mal so lange. Der Lapachobaum erfreut sich schließlich bis zu 700 Jahre bester Gesundheit.

info:

KEINE GEFAHR FÜR DEN REGENWALD!

Bei einer »gesunden« Ernte werden die Lapachobäume des Regenwaldes nicht gefällt. Die benötigte Rinde wird entfernt und wächst wieder nach. Ein Jahr Ruhepause – und es kann erneut geerntet werden. Außerdem gibt es inzwischen Farmen, auf denen Lapachobäume ausschließlich für die Teeproduktion kultiviert werden. Es gibt allerdings auch gewissenlose Produzenten, die Bäume des Regenwaldes fällen, um die gesamte Rinde abzutragen und billiger anbieten zu können.

Heilsames Multitalent

Die einzigartige Zusammensetzung unglaublich vieler Wirkstoffe ließ Lapachotee zu Ruhm kommen. Ganz nach dem Motto: Gemeinsam sind wir stark.

3 bis 4 Tassen am Tag reichen aus; wenn Sie mehr trinken möchten, kein Problem. Über 1 Liter sollten Sie aber nicht unbedingt kommen.

Nicht die Blätter, sondern die Rinde wird für Lapachotee aufgebrüht.

Power fürs Immunsystem

Trinken Sie Lapachotee regelmäßig! Er regt Ihre Körperzellen an und aktiviert Immunsystem und Abwehrkräfte. Auf diese Weise werden Bakterien und Viren in Schach gehalten oder auch ganz schachmatt gesetzt. Keine Bange also, wenn die nächste Erkältungswelle im Anmarsch ist.
Und auch bei Allergien wie Heuschnupfen verschafft Lapacho Milderung. Nur eins müssen Sie beachten: Der Tee kann nur dann sein Bestes geben, wenn Sie ihn auch täglich zu sich nehmen.

Freien Radikalen ein Schnippchen schlagen

Lapachotee enthält sogenannte Chinone. Sie helfen der Pflanze beim Stoffwechsel. Im menschlichen Organismus binden Chinone Freie Radikale (Seite 25) an sich und schützen so vor Krebs und chronischen Krankheiten wie Diabetes.

Gut für alle Wunden

Lapachorinde strotzt vor Tannin (Gerbstoff), das adstringierend wirkt: Es zieht Haut und Schleimhaut zusammen. Trägt man den Tee auf kleine Schnitte oder leichte Verbrennungen auf, heilen sie schneller. Und der Clou: Weitere Inhaltsstoffe sorgen dafür, daß die Wunden gleichzeitig gereinigt werden und entstandene Entzündungen abklingen.

Lapachotee zubereiten

1. Das Teewasser (1 Liter) in einem ausreichend großen Topf zum Kochen bringen. 1 bis 2 gehäufte Eßlöffel Tee (= 5 Tassen) mit ins Wasser geben und alles bei schwacher Hitze abgedeckt 5 Minuten köcheln lassen.

2. Topf von der Platte ziehen und weitere 15 bis 20 Minuten ziehen lassen.

3. Tee durch ein feines Sieb in eine vorgewärmte Kanne gießen. Es sollten keine Rindenteilchen im Tee bleiben, sie würden ihn bitter machen. Eventuell einen Kaffeefilter ins Sieb legen.

4. Tee heiß oder kalt (im Kühlschrank können Sie ihn gut aufbewahren) möglichst pur zwischen den Mahlzeiten genießen.

Wichtig: Bitte verwenden Sie für die Zubereitung kein Gefäß aus Zinn oder Aluminium. Das schadet der Wirkung und dem Geschmack des Tees. Besser sind Materialien wie Gußeisen, Stahl, Glas, Porzellan, Ton oder Kunststoff.

Fast gepachtet: Vitalität und Wohlbehagen

Möchten Sie Ihren Körper auf Vordermann bringen, ist Lapacho der ideale Partner. Er regt die Darmtätigkeit und Verdauung an, hilft der Leber beim Entgiften, wirkt entwässernd und entsäuert.
Zudem hat der Tee eine entspannende Wirkung. Bei Streß in der Arbeit oder zu Hause sind Sie nach 3 bis 4 Tassen gleich viel ruhiger und haben bessere Laune.

Warum der Tee so wirkt, ist sogar für Experten ein Rätsel. Da aber viele Leute diese Erfahrungen gemacht haben, kann es wiederum nur an der einzigartigen Mixtur der Inhaltsstoffe liegen.

Vitamine & Co.

Eine ganze Ansammlung von Vitamin- und Mineralstoffen tritt bei Lapacho in Aktion.
Herz, Kreislauf, Verdauung, Nerven- und Muskelarbeit, Immunsystem, Wasserhaushalt, Knochen und Zähne sowie Haut und Bindegewebe sind die Nutznießer.

Entspannt und gut gelaunt: Lapachotee hilft bei Streß.

Beauty & more

Unsere Haut wird heute tagtäglich ganz schön strapaziert: Aggressive Shampoos, geschlossene Schuhe, Umweltgifte, UV-Strahlen und so manche Dinge mehr sind die Schuldigen. Lapachotee kann helfen. Er beruhigt gereizte, gerötete Haut und lindert Juckreiz.

Für strapazierte Füße

5 Eßlöffel Lapachorinde
1 Liter Wasser

Rinde und Wasser aufkochen, 15 Minuten bei schwacher Hitze köcheln lassen. Dann die gleiche Zeit abgedeckt ziehen lassen.
Gießen Sie den Sud in eine kleine Wanne, und lassen Sie das Fußbad möglichst heiß mindestens 10 Minuten lang wirken.
Die Füße anschließend gut trockenreiben.

Bei trockener Kopfhaut

1/2 Liter Lapachotee
1 bis 2 Eßlöffel Kamillenblüten

Den Tee wie auf Seite 22 beschrieben zubereiten, sofort über die Kamillenblüten gießen und das Ganze abgedeckt etwa 15 Minuten ziehen lassen. Dann durch ein feines Sieb in eine Kanne gießen.
Die Spülung nach dem Waschen über die Haare geben, gründlich einmassieren und nicht mehr ausspülen.

Vollbad für Haut & Seele

6 Eßlöffel Lapachorinde
1 Liter Wasser
1 Becher süße Sahne
2 bis 3 Eßlöffel Honig

Rinde und Wasser aufkochen, 15 Minuten sanft köcheln lassen. Dann die gleiche Zeit abgedeckt ziehen lassen. Sud abseihen, mit der Sahne und dem Honig vermischen und ins etwa 36 Grad heiße Badewasser geben. Das Bad etwa 15 Minuten genießen.

Auch äußerlich eine Wohltat: Lapacho für die Hautpflege ist noch ein echter Geheimtip.

tip:

Feine Pflege nach dem Baden

Massieren Sie gleich nach dem Bad Ihre noch feuchte Haut sanft mit neutralem Babyöl ein.
Das Öl verbindet sich mit dem noch anhaftenden Badewasser, eine feine Emulsion entsteht, die tief in die Poren eindringen kann.

Auf diese Weise hat die Haut viel mehr und länger etwas von den im Badewasser enthaltenen Wirkstoffen der Lapachorinde.

After-Sun-Lotion

3 Eßlöffel Lapachorinde
100 ml Alkohol (70 %)
etwas After-Sun-Lotion

Rinde mit Alkohol mischen und in einem dunklen Glas verschlossen 10 Tage ziehen lassen. Komplett in eine Tropfflasche (100 ml Inhalt; aus der Apotheke) umfüllen. Jeweils 6 Tropfen des Elixiers mit einer Handvoll Lotion mischen und auftragen.

Rotbusch-tee

Köstlichkeit aus Südafrika

In Südafrika kennt jeder Rotbusch- oder besser Rooibostee, wie er in Afrikaans heißt. Seit einer kleinen Ewigkeit ist er nicht nur wegen seiner heilenden Wirkung Volks- und Alltagsgetränk, der Tee schmeckt auch ausgezeichnet. Daß sich Rooibos inzwischen ebenso bei uns einen Namen gemacht hat, ist deshalb nicht verwunderlich.

Den Ureinwohnern abgeschaut

Ein emigrierter russischer Kaufmann und Fachmann in Sachen Tee beobachtete vor knapp 100 Jahren, wie einige Ureinwohner Südafrikas aus nadelartigen Blättern eines kleinen Strauchs einen Brei herstellten, diesen in der Sonne trockneten und daraus einen Tee zubereiteten. Er probierte neugierig, war begeistert und brachte das Getränk auf den Markt.

Qualität ist oberstes Gebot

Höchste Qualität ist das A und O bei der Herstellung von Rotbuschtee. Eine extra gegründete Organisation kümmert sich darum. Schließlich ist das Land auf seinen gesunden Tee ganz besonders stolz.

Wo es ihm gefällt

Mit seinen gerade mal ein bis anderthalb Metern stellt der Rotbusch ganz schöne Ansprüche. Nur in den zerklüfteten Cedarbergen, ganz in der Nähe der Stadt Kapstadt, fühlt er sich wohl.
Hier bekommt der ginsterähnliche Strauch im Winter zwar reichlich Regen, aber weder »nasse Füße« noch Frost, so daß er im Frühjahr vor Energie explodiert.
Seine dünnen Zweige hängen dann mit der Last nadelförmiger Blätter wie Angelruten zu Boden.

Rooibostee schmeckt nicht nur köstlich, er ist auch unglaublich gesund.

Erstmal 18 sein

Wenn der Busch 18 Monate alt ist, werden die Zweige das erste Mal 30 cm über dem Boden abgeschnitten, gehäckselt und gequetscht. Zu Haufen aufgeschüttet, überläßt man alles einer 24stündigen Fermentation. Sie gibt dem Tee sein Aroma. Jetzt geht's so lange auf die »Sonnenbank«, bis etwa 10 Prozent Restfeuchte übrig sind. Zum Schluß wird der Tee noch pasteurisiert und getrocknet.

Rooibos: echt starkes Profil

Lassen Sie sich nicht von seinem verführerischen Geschmack täuschen. Rotbuschtee ist nicht nur wohlschmeckend, in ihm stecken Wahnsinnskräfte. Und das beste: Sie können davon trinken, soviel Sie wollen.

Garantiert bekömmlich

Rotbuschtee enthält absolut kein Koffein und auch keine anderen Reizstoffe. Genau das Richtige also für Leute mit empfindlichem Magen. Nichts dagegen für solche, die auf der Suche nach einem Muntermacher sind. Der Tee hilft – wegen seiner beruhigenden Wirkung –, wenn Sie mal schlecht einschlafen können, total verspannt sind oder wenn Sie von Kopfschmerzen geplagt werden.

Keine Angst vor Allergien

Blütenpollen, Hausstaub, Tierhaare – alles harmlose Stoffe, die aber viele zur Verzweiflung bringen. Laufende Nasen, juckende Augen oder Hautausschläge sind unangenehm. Die auslösenden Stoffe zu meiden, ist so gut wie unmöglich. Rooibos hilft, allergische Überreaktionen zu mildern. Vor allem bei häufig auftretenden Lebensmittelallergien wurden sehr gute Erfahrungen gemacht.

Nährstoff-Cocktail der besonderen Art

Kennen Sie das auch: kein Glanz in den Haaren, die Fingernägel sind brüchig, Sie fühlen sich abgespannt? Rotbuschtee enthält genau die Stoffe, die rasch Abhilfe schaffen. Zum einen ist es das Eisen, das nicht wie bei anderen Teesorten an Gerbstoffe gebunden ist, und so dem Körper zur freien Verfügung steht. Zum anderen sind es Kupfer und ausreichend Vitamin C, die Ihre Haare wieder glänzen lassen, Ihre Nägel festigen und dazu beitragen, daß Sie sich wieder fit fühlen.

Natürliche Krebsvorsorge

Gefahr für den Körper: die Freien Radikale. Das sind aggressive, sauerstoffhaltige Moleküle, die bei oxidativen Prozessen im Körper entstehen. Radikale können Zellmembrane zerstören. Verschiedenste Umwelteinflüsse sind »Futter« für sie; nehmen Radikale überhand, kann sich der Körper ihrer nicht mehr erwehren, und sie können Krebs auslösen. Flavonoide (Seite 17), Vitamin C und weitere Inhaltsstoffe des Rotbuschtees nehmen Radikalen den Wind aus den Segeln.

info:

WARUM DER ROTBUSCH ROTBUSCH HEISST

Der Rooibos hat leider nicht lange zu leben. Nur etwa 10 Jahre ist er produktiv, dann muß er jüngeren Pflanzen weichen. Wenn der Busch stirbt, verfärbt er sich feuerrot. Das gab Busch und Tee ihren Namen.

Haut wie Samt und Seide

Unsere Haut wird durch Luftverschmutzung, UV-Strahlen, Streß, Rauchen und Alkohol extrem belastet. Und auch die Freien Radikale (Seite 25) gehören mit zu den Übeltätern. Sie attackieren unsere Haut regelrecht. Die Folge: Die Haut verliert an Feuchtigkeit und Spannung, unliebsame Falten entstehen.

Wie die Haut davor schützen? Im Rooibos enthaltene Flavonoide, Vitamin C und E sowie einige Gerbstoffe wirken so zusammen, daß Cremes oder Öle, die Rotbusch enthalten, die Haut mit Feuchtigkeit versorgen und ihr einen rosigen Teint ohne Fältchen schenken.

Rooibos-Massage-Öl

20 g Rotbuschkraut
1/4 Liter Weizenkeimöl

Das Rotbuschkraut in eine Flasche mit weitem Hals geben. Das Öl dazugießen und alles gut durchschütteln. Die Flasche verschließen und das Öl an einem warmen Ort so lange stehen lassen, bis es sich rot gefärbt hat (mindestens aber 3 Wochen). Durch ein feines Sieb abgießen. Das Öl in dunkle Glasfläschchen abfüllen. Möglichst lichtgeschützt aufbewahren.

Sanfte Gesichtscreme

100 ml destilliertes Wasser
2 Teelöffel Rotbuschkraut
15 g Bienenwachs
50 g Lanolinanhydrid
125 ml Jojoba- oder Mandelöl
1 Teelöffel Bienenhonig

Das Wasser aufkochen, Rotbuschkraut damit aufgießen, 10 Minuten ziehen lassen und abseihen. Bienenwachs, Lanolin und Öl im Wasserbad schmelzen. Nach und nach den Sud unter Rühren dazugeben. Honig unter die lauwarme Creme rühren. In mit Alkohol gereinigte Döschen füllen. Die Creme hält sich im Kühlschrank mindestens 6 Wochen. Übrigens: Bienenwachs, Lanolin und Öle erhalten Sie in der Apotheke oder in Naturkosmetikläden.

ROOIBOSTEE ZUBEREITEN

1. Das Teewasser (1 Liter) zum Kochen bringen. Etwa 6 gehäufte Teelöffel Tee (= 5 Tassen) in die Kanne geben. Mit dem Wasser aufgießen.

2. Den Tee 2 bis 3 Minuten ziehen lassen.

3. Tee durch ein feines Sieb in eine zweite, vorgewärmte Kanne gießen. Einfach so oder mit einem Schuß süßer Sahne oder Milch genießen. Zucker ist vollkommen unnötig.

4. Alle weiteren Aufgüsse – bis zu drei sind okay – nur noch 1 Minute ziehen lassen.

AUCH SEHR LECKER: Lassen Sie den Tee abkühlen, und mischen Sie ihn mit einem Fruchtsaft; besonders gut schmeckt's mit Rharbarber-, Pflaumen-, Kirsch- oder naturtrübem Apelsaft.

Kombucha
Everybody's Darling

Wegen seiner vitalisierenden Wirkung gilt Kombucha in China als regelrechter Jungbrunnen. Man sagt sogar, daß er – täglich genossen – unsterblich mache. Kein Wunder, daß Kombucha im quicklebendigen Hollywood in Windeseile vom Starlet zum großen Star wurde.

Tee + Pilz = Kombucha

Eigentlich ist Kombucha ja ein Pilz – oder besser gesagt eine gallertige Flechte mit einer Vielzahl von Hefen und Bakterien.
Um zu wachsen, braucht dieser Pilz aber Tee und Zucker als Nahrung. Die gezuckerte Flüssigkeit beginnt zu gären, und es entsteht ein köstlich-prickelndes Teegetränk, das einfach denselben Namen bekommen hat wie der Pilz.

Aus China importiert

Wer als erster entdeckt hat, was aus Tee und diesem Pilz so alles entstehen kann, ist nicht eindeutig geklärt.
Es heißt aber, daß Kombucha im alten China seinen Ursprung habe. Von dort aus machte das honig-goldene bis rötliche Teegetränk nach

und nach eine kleine Weltreise. Hier und dort tauchte der Name in den unterschiedlichsten Kulturen auf: Asien, Rußland, Balkan.
Bis der vergorene Tee schließlich Anfang des 19. Jahrhunderts auch bei uns in Europa landete.

In Kombucha schlummert eine Kostbarkeit

Kombucha ist ein echter Powerdrink! Mit einer Spur Alkohol, genau dem richtigen Maß an Kohlendioxid sowie ein wenig Koffein und einer ganzen Menge Vitamine und Mineralstoffe – je nachdem, welchen Tee Sie verwenden – gibt der erfrischende Mix dem Organismus Kraft und Energie. Vorausgesetzt, Sie trinken Kombucha täglich: aber nicht übertreiben, ein bis zwei Gläser, etwa 250 ml, pro Tag sind genug.

Kombucha ist eine Kombi aus Pilz und Tee und wirkt deshalb doppelt gut.

info:

Die Wirkung hängt auch vom Tee ab

Der Kombucha-Pilz potenziert die Wirkung des Tees, aus dem Sie das Getränk zubereiten.

Traditionell wird der Pilz in China mit grünem, bei uns zumeist mit schwarzem Tee angesetzt.
Sie können sich aber auch die Wirkstoffe anderer Teesorten wie Mate-, Lapacho-, Rotbusch-, Kräuter- oder Früchtetee zunutze machen.

Das gibt Power

Diese spezielle Mischung ist es, die Ihren Körper kräftigt und erfrischt. Das Tonikum hilft Ihnen sogar seelisch auf die Beine. Nach einem schlechten Tag sind Sie ganz schnell wieder obenauf und strotzen nur so vor neuem Tatendrang.
Auch sogenannte rechtsdrehende L(+)-Milchsäuren steuern ihren Anteil dazu bei. Sie können vom Körper schnell verwertet werden und liefern dem Gehirn Energie.

Endlich mal wieder entschlacken?

Beim Entschlacken lauft die Leber zu Höchstleistungen auf. Kombucha greift ihr unter die Arme.
In dem Teegetränk enthaltene Säuren gehen mit schädlichen Substanzen, wie Umweltgiften, Medikamenten, Alkohol oder Nikotin, eine Verbindung ein, machen sie wasserlöslich und erleichtern so deren Abbau.
Diese Säuren sanieren zusammen mit Enzymen auch die Darmflora, regen die Verdauung an und sorgen so für eine optimale Nährstoffaufnahme.

Gut fürs Immunsystem

Kombucha kann noch mehr – auch die körpereigenen Abwehrkräfte unterstützt er nach Kräften. Zahlreiche Inhaltsstoffe geben krankheitsverursachenden Viren und Bakterien Saures.

info:

Kaufen oder selbermachen?

- Optimal fürs erste Probieren: Kumbucha als Fertiggetränk. Er wird meistens mit schwarzem Tee hergestellt. Sie bekommen die Flaschen in Reformhäusern, Naturkostläden, Apotheken, gut sortierten Supermärkten und in Drogerien.
- Nach dem Motto »Freie Wahl« können Sie die Teesorte beim Selbermachen aussuchen, Wirkung und Geschmack selbst bestimmen.

Wichtig: Die Tees sollten wenig ätherische Öle enthalten. Fragen Sie im Tee- oder Kräuterladen nach. Die Öle wirken antibakteriell, töten also die Bakterien des Pilzes ab, so daß die Gärung nicht stattfinden kann. Ungeeignet sind zum Beispiel Salbei, Pfefferminze oder Kamille – diese Tees höchstens gemischt mit anderen Sorten verwenden.

Kombucha selbst gebraut

1 Liter kalkarmes Wasser (falls das Wasser zu hart ist, stilles Mineralwasser oder Heilwasser verwenden)
1 bis 2 gehäufte Teelöffel frische Teeblätter (Schwarz-, Grün-, Mate-, Kräuter- oder Früchtetee)
90 g Zucker
1 Kombucha-Pilz mit 100 ml alter Nährflüssigkeit (Bezugsquellen Seite 46)

1. Das Wasser aufkochen, den Tee einstreuen und etwa 10 Minuten ziehen lassen, dann durch ein feines Sieb abseihen. Für Grüntee das Wasser 5 Minuten abkühlen lassen, erst dann den Tee dazugeben und nur 2 bis 3 Minuten ziehen lassen.

2. Den Zucker dazugeben und so lange rühren, bis er sich gelöst hat. Den Tee lauwarm werden lassen. Anschließend in ein gut gereinigtes Glas oder Porzellangefäß (etwa 2 Liter Inhalt) mit sehr weiter Öffnung geben.

3. Kombucha-Pilz samt Nährflüssigkeit vorsichtig dazugeben. Das Gefäß mit einem Mulltuch abdecken, mit einem Gummi oder Küchengarn festbinden. Keine Folie oder ähnliches zum Abdecken nehmen, denn der Pilz muß atmen können.

4. An einen eher dunklen, sauberen, warmen (23 °C sind ideal) Ort stellen, wo der Pilz seine Ruhe hat. Direkte Sonne, Bewegung und Zug mag er überhaupt nicht. Dem Pilz jetzt 10 bis 12 Tage Ruhe gönnen, längeres Reifen macht den Kombucha sauer.

5. Danach den Pilz und eine Tasse Flüssigkeit herausholen und in ein sauberes Aufbewahrungsgefäß geben. Die restliche Flüssigkeit abseihen und in saubere Flaschen füllen.

Ein Abend für die Schönheit

Nach einem anstrengenden Tag endlich zu Hause. Jetzt nichts wie raus aus den Klamotten und rein ins dampfende Badewasser. Lassen Sie sich an diesem Abend von 1 Liter Kombucha rundum verwöhnen. Das Teegetränk wirkt nicht nur, wenn Sie es trinken, sondern tut auch von außen gut. Kombucha stimuliert die Körperfunktionen und stabilisiert den Säureschutzmantel der Haut.

1. Gesichtsmaske (für alle Hauttypen) anrühren

100 g Quark mit 2 Eßlöffeln Olivenöl und 2 bis 3 Eßlöffeln Kombucha verrühren, bis eine cremige Masse entsteht.

2. Schnell »Kombucha sour« mixen

Im Shaker Saft einer Limette, 100 ml Fruchtsaft Ihrer Wahl oder Cidre (herb) mit 100 ml Kombucha und einigen Eiswürfeln kräftig schütteln. Auf *crushed ice* (zerstoßene Eiswürfel) in ein Glas füllen. Mit Limettenscheibe garnieren.

Getränk und Pilz machen schön.

3. Badewasser einlassen

Nun das Wasser in die Wanne laufen lassen. Nicht zu heiß, das tut der Haut nicht gut, etwa 36 bis 38 Grad sind richtig. 1 Becher süße Sahne und 800 ml Kombucha dazuschütten. Für die Stimmung ein paar Kerzen anzünden.

4. Nur noch genießen

Stellen Sie das Glas mit dem »Kombucha sour« gleich neben die Badewanne. Maske auftragen und schnell ins heiße Badewasser steigen. Und dann total entspannen.

5. Waschen und Trocknen

Nach 20 Minuten die Maske mit Wattepads abnehmen, kurz mit dem Badewasser nachreinigen. Den Körper warm abbrausen und kräftig trockenrubbeln.

6. Das Finish

In einem Fläschchen 50 ml Jojobaöl mit 2 bis 3 Eßlöffeln Kombucha kräftig schütteln. Körper damit einmassieren.

tip:

FALTEN – NEIN DANKE

Wenn der Tee gut tut, wie schaut es dann mit dem Pilz selbst aus? Keine Frage, auch er überzeugt durch seine Inhaltsstoffe. Ein großer Teil davon sind aktive Hefen, die der Haut Feuchtigkeit geben und sie straffen.

Den Pilz ohne Flüssigkeit in einem Mixer pürieren, auf das Gesicht auftragen. Nach 20 Minuten abwaschen.

Der Mix bringt's

Spezielle Mischungen mit Extra-Kräften

Die Highlights der Teemischungen: Ayurvedische Tees, Yogitees und Mondtees haben ganz besondere Kräfte. Aus Kräutern und Gewürzen sind sie gemixt und wirken nicht nur wohltuend auf Körper und Seele, sondern schmekken auch köstlich. Nicht von ungefähr avancierten sie zu den Lieblingen der Teekenner-Szene.

Feiner Tee und ein Quentchen Magie

Statt Schwarztee mal Yogitee, ayurvedische Tees für die Lebensgeister und phasenweise Mondtees – das hat Stil und ist auch noch gesund.

Ausgesuchte Kräuter und Gewürze, im richtigen Verhältnis nach uraltem Wissen gemixt, sind die Basis verführerischer Teemischungen. Sie stehen ihren »puren« Verwandten in puncto Wirkung und Geschmack in nichts nach, eher im Gegenteil. Aber der Background ist etwas anders. Die hier vorgestellten Teemischungen tun nicht nur Ihrem Körper mit ihren unendlich vielen Inhaltsstoffen Gutes, sie haben außerdem esoterische Kräfte.

Weisheiten aus Fernost

In Indien glaubt man, daß Körper, Geist und Seele untrennbar miteinander und mit dem gesamten Universum verbunden sind – denn alles ist eins. Wenn ein Teil nicht in Ordnung ist, wirkt sich das auf alle anderen aus. Die energetischen Kräfte, die alles »am Laufen halten«, zu stärken und auszubalancieren, ist Ziel der Ayurveda-Lehre. Ein wichtiger Aspekt ist dabei die Ernährung – unter anderem auch Teemischungen, die Sie ab Seite 34 kennenlernen werden.

Die Sache mit dem Mond

Was früher selbstverständlich war, wird heute wieder für viele wichtig: Ein harmonisches Leben im Einklang mit der Natur und ihren rhythmischen Abläufen.
Die Kräfte des Mondes stehen dabei mit an erster Stelle. Sie verursachen nicht nur die Gezeiten, sie wirken auch auf die Tier- und Pflanzenwelt – und auf uns. Das Wissen über die Zusammenhänge von Mondrhythmen, Pflanzen, Ernten und Verarbeiten hat man sich zunutze gemacht und eine ganze Reihe klug gemixter Tees kreiert (ab Seite 40).

Ayurveda-Tees
für Energie & Harmonie

Ayurveda ist die Lehre vom langen, gesunden und glücklichen Leben – eine umfassende, ganzheitliche Heilmethode, die in Indien seit über 5000 Jahren praktiziert wird. Danach ist vollkommene Gesundheit nur möglich, wenn Geist, Seele und Körper in harmonischem Einklang sind. Innere Ausgewogenheit und vollkommene Zufriedenheit sowie dauerhaftes Wohlbefinden besitzt jeder Mensch von Geburt an.
Das Ziel der Ayurveda ist es, dies alles zu erhalten. Dazu müßten Sie eigentlich nur auf die natürlichen Bedürfnisse Ihres Körpers achten und danach leben. So einfach, wie es sich anhört, ist es aber nicht.

»Störenfriede«

Fast täglich traktieren wir unseren Körper mit Fast food, Streß, negativen Denkmustern, falschen Lebensgewohnheiten und Umweltbelastungen aller Art.
Auf diese Weise kommen alle Lebensenergien, die unseren Körper durchströmen, in Unordnung, und wir dürfen ganz schön ackern, um sie wieder ins Lot zu bringen.

Eine gesunde Ernährung im ayurvedischen Stil, Yoga, Meditation, Massagen und einiges mehr stellen das Gleichgewicht der Energien wieder her und – beachtet man die natürlichen Signale des Körpers – erhalten es zudem aufrecht.

Aus feinsten Kräutern ist Ayurveda-Tee hergestellt. Verschiedene Mischungen sorgen für den Ausgleich innerer Kräfte.

Über Energien, Doshas & mehr

Unsichtbare Energien sind es, die Ihrem Körper Gleichgewicht und Harmonie geben. Um sie gegebenenfalls wieder in die richtigen Bahnen lenken zu können, müssen Sie das ayurvedische Prinzip durchschauen. Nach der Ayurveda hat jeder Mensch nämlich seine persönliche Energie-Mischung.

Grundkräfte, die das Leben steuern

Alles, was lebt, wird von Prana, der kosmischen Lebensenergie, durchströmt. Körperliche und seelisch-geistige Funktionen werden von den Doshas, drei Grundkräften, gesteuert. Diese wiederum sind aus den Fünf Elementen entstanden: Äther, Luft, Erde, Feuer und Wasser.
Eigenschaften wie heiß oder kalt, scharf, sauer, süß, ölig, flink oder rauh werden von den Fünf Elementen abgeleitet und den drei Doshas zugeordnet.

info:

Gezielte Wirkung

Alle Lebensmittel haben eine spezifische Wirkung auf die Doshas, so auch Tee. Er kann neutral, verstärkend oder abschwächend sein sowie ausgleichend auf alle Doshas wirken.

- Einkauf leicht gemacht: Auf den meisten Teepackungen ist die Wirkungen auf die Doshas angegeben.
- Grundsätzlich gilt: Verringern Sie mit dem Tee die energetische Kraft Ihres Hauptdoshas und verstärken Sie die untergeordneten.

Die Doshas bestimmen Ihren Charakter und Ihre Persönlichkeit, aber auch Ihre physische Beschaffenheit und das Krankheitsbild.

Alles in Balance?

Im Idealfall sind die Doshas im Gleichgewicht. Dominiert ein Dosha, beeinträchtigt dies Ihre Gesundheit. Finden Sie also Ihre persönliche Dosha-Verteilung heraus, bestimmen Sie Ihren Dosha- oder Konstitutionstyp – und tun Sie sich etwas Gutes.
Ihren Typ – ob Vata, Pitta oder Kapha – können Sie mit Hilfe der Tabelle auf Seite 38 selbst herausfinden.

Doshas – drei an der Zahl

Den Doshas entsprechen – gemäß ihrer Zuordnung zu den fünf Elementen – spezielle Eigenschaften:

- Vata, die Verbindung von Äther und Luft, bestimmt die Bewegung im Körper, wirkt auf geistige Aktivitäten und alle Sinnesorgane.
- Pitta, die Verbindung von Feuer und teilweise Wasser, reguliert die Verdauung und den Stoffwechsel, wirkt auf Intelligenz und Gefühle.
- Kapha, die Verbindung von Wasser und Erde, gibt dem Körper seine Form, Stabilität, Geschmeidigkeit und Widerstandskraft, wirkt auf das Gedächtnis und vermittelt psychische Ausgeglichenheit.

Der Weg über die Sinne

Vor allem über unsere Sinne können wir die Doshas harmonisieren und stabilisieren. Mit Hilfe von Ayurveda-Tees werden gleichgewichtsfördernde Impulse gesetzt.

Geschmackliche Vielfalt

Laut Ayurveda beeinflussen sechs Geschmacksrichtungen unseren Körper, unsere Gedanken und Gefühle – und natürlich auch die Doshas: süß, sauer, salzig, scharf, bitter und zusammenziehend. Das ist fürs Mischen der Tees sehr wichtig.

AYURVEDA-TEE ZUBEREITEN

1. Das Teewasser (1 Liter) zum Kochen bringen. Etwa 6 gehäufte Teelöffel Tee (= 6 Tassen) in die Kanne geben. Mit dem Wasser aufgießen. 3 bis 5 Minuten ziehen lassen.

2. Tee durch ein feines Sieb in eine zweite, vorgewärmte Kanne gießen. Ohne weitere Zugaben trinken.

3. Der Tee ist sehr ergiebig. Sie können ihn noch ein zweites und sogar drittes Mal aufgießen.

Im Angebot: für jeden etwas

Es gibt eine ganze Reihe fertig gemischter Tees, die auf traditionellen ayurvedischen Rezepturen basieren. Allerdings sind die Kräuter so zusammengestellt, daß sie auf die Bedürfnisse der Menschen unserer Tage eingehen. Mit diesen Tees können Sie Ihre Doshas ausgleichen (Kasten Seite 35). Hier eine kleine Auswahl des Angebots:

Mischungen, die Ihren Doshas schmeicheln

- »Himmlischer Glückstee«: Eine Kräuterkomposition mit Johanniskraut und Kava Kava, die Sie in einen Zustand heiterer Gelassenheit führt. (VP+K–; siehe Kasten)
- »Klarer-Geist-Tee«: Ginkgoblatt hilft Ihnen, innere Ruhe zu finden. Eisenkraut, Pfefferminze und Melisse unterstützen die Wirkung und geben den feinen, frischen Geschmack. (PK–Vo)
- »Kleiner-Kur-Tee«: Spezielle Kräuter und Gewürze unterstützen auf milde Weise den Stoffwechsel. Gibt beim Fasten oder in einer Diät Schützenhilfe. (PoVK–)

info:

KÜRZEL FÜR DIE WIRKUNG

Statt der Auflistung von »Krankheitssymptomen« finden Sie oft folgende Abkürzungen auf den Teepackungen:

V = Vata; **K** = Kapha; **P** = Pitta

o = neutralisierend
+ = verstärkend
– = schwächend;
VPK = gleicht alle Doshas aus

Zum Beispiel:
VP+K– bedeutet, daß Sie mit diesem Tee Vata und Pitta stärken, Kapha aber schwächen – ein Tee also für Menschen mit zuviel Kapha.

- »Vata-, Kapha- und Pitta-Tee«:
Die Mischungen sind abgestimmt auf den Überschuß der jeweiligen Doshas – für jeden ist das Passende dabei.
- »Vitalis-Tee«:
Dieser Tee ist genau richtig, wenn Sie mehr Energie und Vitalität brauchen. Wegen seines leicht minzigen Aromas wirkt er inspirierend und belebend.

Das sollten Sie sonst noch tun

Ohne Ruhe, Entspannung und eine angenehme Atmosphäre läuft in der Ayurveda so gut wie gar nichts. Das hilft spontan:

Duft in den Raum bringen

… und wirken lassen. Geben Sie einige Tropfen von dem ätherischen Öl, auf das Sie gerade Lust haben, in eine Aromalampe. Das entspricht Ihrer momentanen Stimmung und ist genau richtig.

Musik auflegen

Wählen Sie eine Ihrer Lieblings-CDs oder -platten aus. Es sollten ruhige, harmonische Klänge oder Melodien sein. Heavy Metal ist jetzt fehl am Platz.

Innere Ruhe finden

Einfache Atemübungen helfen dabei. Setzen Sie sich aufrecht, aber bequem hin. Augen schließen und ein paar Mal tief durchatmen. Dann die Nasenlöcher abwechselnd zudrücken und jeweils durch das offene Nasenloch erst aus-, dann einatmen. Das machen Sie 5 Minuten lang. Anschließend zurücklehnen und normal durchatmen.

Jetzt Ihre Tasse Tee genießen und auf Ihre Doshas wirken lassen …

Machen Sie sich's richtig gemütlich mit Ihrer Tasse Tee. Denn auch Entspannung ist heilsam!

Test! Welcher Typ sind Sie?

Lesen Sie sich die Eigenschaften in Ruhe durch. Kreuzen Sie an, was am ehesten auf Sie zutrifft. Dann alle Kreuze pro Dosha zusammenzählen. Das Dosha mit der höchsten Punktzahl ist Ihr Haupt-, die anderen sind Ihre Unterdoshas.

Konstitutionstypen	Vata	Pitta	Kapha
Körperbau Gewicht	❍ dünn; nimmt schwer zu, nimmt leicht ab	❍ mittelgroß; nimmt leicht zu, nimmt schwer ab	❍ schwer; nimmt leicht zu
Haut	❍ trocken, rauh und kalt, dunkel	❍ weich, warm, hell, rötlich	❍ geschmeidig, ölig, kalt, hell
Haar	❍ schwarz, trocken, dünn, gekräuselt	❍ gelblich, rötlich, ölig, weich, vorzeitiges Ergrauen	❍ blond oder dunkel, ölig, wellig, dick
Zähne	❍ größer, auffällig	❍ mittelgroß	❍ stark, weiß
Augen	❍ klein, matt, trocken; schwarz, dunkelbraun	❍ scharf, durchdringend; grün, grau, gelblich	❍ groß, sinnlich; blau
Appetit	❍ schwankend	❍ stark	❍ gleichbleibend
Durst	❍ schwankend	❍ exzessiv	❍ gering
Ausscheidung	❍ trocken, verstopft	❍ weich, ölig, locker	❍ schwer, ölig, zäh
Körperliche Aktivität	❍ sehr aktiv	❍ aktiv ohne Pause	❍ mäßig aktiv
Geist	❍ ruhelos, aktiv	❍ aggressiv, intelligent	❍ ruhig, langsam, lethargisch
Emotionales Temperament	❍ ängstlich, nervös, unentschlossen, unvorhersehbar	❍ aggressiv, irritierbar, eifersüchtig	❍ ruhig, gierig, stabil, stur
Gedächtnis	❍ gutes Kurzzeit- und schlechtes Langzeitgedächtnis	❍ scharf, klar	❍ langsam, gutes Langzeitgedächtnis
Träume	❍ ängstlich, flüchtig, bewegt	❍ feurig, intensiv	❍ wäßrig, sinnlich, lange Sequenzen, romantisch
Schlaf	❍ leicht, unterbrochen	❍ gering, aber tief	❍ tief und lang
Sprache	❍ schnell	❍ scharf und genau	❍ langsam, monoton

Yogi-Tees

Die rechte Würze

Wie die ayurvedischen Kräutertees haben auch die Yogi-Tees ihren Ursprung in der ganzheitlichen Naturheilkunde Indiens. Yogi-Tees sind jedoch weniger aus Kräutern, sondern hauptsächlich aus Gewürzen, Wurzeln, Rinden, Beeren und Samen – also den harten Teilen der Pflanze – zusammengestellt.
Heiß getrunken, mobilisiert Yogi-Tee die Lebensgeister, kalt erfrischt und energetisiert er. Sie können ihn in beliebiger Menge trinken.

Fünfmal Yogi-Tee

- »Classic«:
Ein Tee für jede Stunde des Tages. Auf sanfte Weise regen Zimt, Ingwer, Nelken, Kardamom und Pfeffer die Verdauung an. Genau das Richtige während des Fastens oder einer Diät. (VK–P+)
- »Himalaya«:
Die milde Süße von Fenchel, die Kraft von Zimt und das Feuer des Ingwers tun Magen und Verdauung gut und helfen beim Entspannen. Optimal für Stillende und bei einer Reinigungskur. (VK–P+)
- »Jamaika«:
Der erdige Geschmack gemälzter Zichorienwurzel, Zimt, Pfeffer und Kardamom schenken Pepp und Lebensfreude. Sanfte Bitterstoffe unterdrücken das Verlangen nach Süßem. (PVoK–)
- »Schoko«:
Leicht geröstete Kakaoschalen, Zimt und Vanille machen diese Yogi-Mischung lecker und leicht. Der liebliche Tee schmeckt großen und kleinen Schleckermäulern. (VK–P+)
- »Lakritz«:
Süßholz ist hier mit kräftigem Cassia-Zimt, wärmendem Ingwer und aromatischen Orangenschalen kombiniert. Das wirkt belebend und ausgleichend, tut Hals und Magen gut. (VK–P+)

YOGI-TEE ZUBEREITEN

1. In einem Topf das Teewasser (1 Liter) zum Kochen bringen. Etwa 1 gestrichenen Teelöffel der Gewürzmischung dazugeben und je nach Packungsaufschrift im geschlossenen Topf 10 bis 25 Minuten köcheln lassen.

2. Topf vom Herd nehmen und den Tee nach Bedarf abgedeckt 15 Minuten ziehen lassen.

3. Den Tee durch ein Sieb gießen. Mit 1/4 Liter Milch oder 1 Liter Fruchtsaft mischen. Nach Wunsch süßen.

AUCH SEHR LECKER: Statt Kuhmilch Soja-, Reis- oder Ziegenmilch untermischen.
FÜR KINDER: Den Tee im Verhältnis 1:1 mit Milch oder süßem Fruchtsaft mixen, mit Honig süßen.

Mond-Tees
Im Einklang mit der Natur

Der Mond hat etwas Mystisches, und wir fühlen uns auf seltsame Weise zu ihm hingezogen. Er beeinflußt uns und unsere Umwelt mit seiner unsichtbaren Kraft. Seit uralten Zeiten weiß man um die Macht des Mondes. Bei uns war dieses Wissen lange Zeit in Vergessenheit geraten, jetzt aber feiert der Mond sein Comeback.

Phasen, die Einfluß nehmen

Etwa 28 Tage braucht der Mond für die Umkreisung der Erde, und in diesem Zyklus verändertsich seine geheimnisvolle Kraft. Neumond oder Vollmond, zunehmend oder abnehmend – in welcher Phase sich der Mond auch immer befindet, Tiere, Menschen und Pflanzen stehen in seinem Bann.

Der richtige Zeitpunkt

Das A und O der Mond-Tees: Gesät, gedüngt, geerntet und verarbeitet wird im Rhythmus des Mondes und der Natur. Alle Blätter, Blüten, Früchte und Wurzeln, die Sie in den verschiedenen Mond-Tee-Mischungen finden, enthalten deshalb ungleich mehr Wirkstoffe als »normal« geerntete Heilpflanzen. Damit die Wirkung nicht beeinträchtigt wird, achten die Hersteller strengstens auf einen biologischen Anbau: Dünger und künstliche Pestizide haben hier nichts verloren.

info:

Mondphasen-Tips

Jede einzelne Phase kann Sie positiv unterstützen.

- Neumond – eine kurze Zeit besonderer Impulse. Wer jetzt fastet, beugt vielen Krankheiten vor, weil die Entgiftungsbereitschaft des Körpers am größten ist.
- Zunehmender Mond: Alles, was den Körper aufbaut und stärkt, wirkt in dieser Zeit doppelt gut.
- Der Vollmond gibt Heilkräutern besondere Kräfte. Behandeln Sie Krankheiten mit diesen Kräutern, die Wirkung ist intensiver.
- Abnehmender Mond: Wer jetzt etwas weniger ißt als sonst, nimmt schneller ab.

Tee bunt gemischt

Die Besonderheit der Mond-Tee-Mixturen liegt in ihrer doppelten Wirkweise. Punkt eins: Die Tees wirken sehr intensiv auf den Körper, da alle Zutaten zum »richtigen Zeitpunkt« gesammelt wurden. Punkt zwei: Trinken Sie den Tee auch noch während der entsprechenden Phase des Mondes, steigert sich die Heilkraft um ein Vielfaches.

- »Abnehmender-Mond-Tee«: Während der Zeit des abnehmenden Mondes kann der Körper am besten ent-

Es ist ein uraltes Wissen, daß der Mond mit seinen Phasen alles beeinflußt, was auf der Erde lebt. Werden Heilpflanzen zum richtigen Zeitpunkt geerntet, haben sie eine ganz besondere Wirkkraft.

schlacken. Eine Mischung aus Löwenzahn, Brennessel, grünem Hafer, Hagebutten, Holunderblüten und Birkenblättern hilft Ihnen zum Beispiel beim Entgiften.

- »Neumond-Tee«: Zutaten wie Mate, Lemongras, Ysop, Apfel, Bohnen- und Orangenschalen entfalten ihre anregende, erfrischende Wirkung am besten um Neumond herum. Der Tee unterstützt den starken Entgiftungsprozeß während dieser Zeit wirkungsvoll.
- »Vollmond-Tee«: Während des Vollmondes geht's oftmals rund, und etwas Ruhe tut gut. Melisse, Sonnenblumenblüten, Korn- und Ringelblumen, Lindenblüten, Himbeerblätter und andere Kräuter wirken beruhigend und ausgleichend, ohne müde zu machen.
- »Zunehmender-Mond-Tee«: In dieser Phase saugt der Körper alles, was man ihm zuführt, nur so in sich hinein. Er speichert Energie und sammelt Kraft. So helfen unter anderem Schafgarbe, Minze, Melisse, Anis, Himbeerblätter und Fenchel, wichtige Körperfunktionen und Organe zu kräftigen.

MOND-TEE ZUBEREITEN

1. Das Teewasser (1 Liter) zum Kochen bringen. Etwa 1 Eßlöffel Tee (= 6 Tassen) in die Kanne geben. Mit dem Wasser übergießen.

2. Den Tee 2 bis 3 Minuten ziehen lassen. Diese Zeit ist vollkommend ausreichend.

3. Den Tee durch ein feines Sieb in eine zweite, vorgewärmte Kanne schütten. Pur und sofort genießen.

In Japan nimmt man die »heilige Stunde des Tees« zum Anlaß, Geist und Körper zu reinigen und eine Zeit vollkommener Stille und Ehrfurcht zu erleben. Genau das Richtige auch für uns in all der Hektik des Alltags.

Teetrinken – eine Kunst

Die japanische Zeremonie mit dem Grünen Tee

Die Entdeckung der Langsamkeit

Eine Tasse Tee vermittelt Ruhe und Geborgenheit, läßt alle Hektik des Alltags von uns abfallen, ist Nahrung für den Geist – wenn man will. In Japan hat das wahre Teetrinken Tradition, es wird zelebriert. Geduld und sehr viel Zeit sind die besten Voraussetzungen.

So fing es an

Buddhistische Mönche brachten Grünen Tee etwa 550 n. Chr. über China und Korea mit nach Japan, wo er im Laufe der Jahrhunderte echte Freunde fand. In Japan hat die Kunst des Teetrinkens in Form einer festgelegten Zeremonie ihren Höhepunkt erreicht. Ein alltäglicher Vorgang hat sich in ein fast religiöses Ritual mit genauen Regeln verwandelt.

Zeremonie der Ruhe

Jeder einzelne Schritt der Zeremonie ist genau vorgegeben. Jede Handbewegung von sparsamer Ästhetik hat eine symbolische Bedeutung. Es vergeht manchmal eine dreiviertel Stunde, bis eine Tasse Tee fertig ist.

Die gesamte Zeremonie dauert mehrere Stunden. In dieser Zeit voller Ruhe verschwinden die Gedanken an Gestern oder Morgen im momentanen Augenblick.

Wie ein Kunstwerk

Die Teezeremonie versteht sich nicht nur als geistige Schulung, sondern auch als Kunst. Tee-Utensilien werden sorgfältigst ausgesucht, und ihr Arrangement ist wohlüberlegt. Blumen, Kerzen und Räuchergefäße geben dem sonst spärlich eingerichteten Raum sein außergewöhnliches Flair. Und die geladenen Gäste müssen das Kunstwerk Teetrinken mitgestalten.

info:

Ein Haus für den Tee

Die Teezeremonie wird in Japan auch heute noch in einem extra dafür gebauten Teehaus zelebriert. Ein Wasserbecken zur Reinigung vor dem Haus und ein wunderschön angelegter Garten gehören immer dazu.

Auf diese Weise entsteht ein einmaliges, sehr flüchtiges, aber beeindruckendes Kunsterlebnis.

Tempolimit auf die sanfte Art

Bei uns Europäern sind Schnelligkeit und Rationalität gefragt, für Muße und Bedächtigkeit ist wenig Zeit. Werfen Sie diese Grundsätze über Bord, nehmen Sie Ihren Fuß vom Gaspedal. Gönnen Sie sich ein paar Stunden Ruhe.
Teetrinken wird dann für Sie zur puren Erholung und zu einem wohltuenden Fest der Sinne.

Um die Teezeremonie zu beherrschen, bedarf es jahrelanger Übung.

Die japanische Zeremonie

Das Teehaus ist der ganze Stolz eines Japaners. Es ist eine Ehre, dorthin zum Teetrinken eingeladen zu werden. Schon allein deshalb ist es die unausgesprochene Pflicht der Gäste, in feinsinnigen Worten ihre Dankbarkeit, Bewunderung und Hochachtung auszudrücken. Bevor man den einzigen Raum des Teehauses – in einem wunderschönen Garten gelegen – betreten darf, muß man Hände und Mund mit frischen Quellwasser reinigen, das man aus einem Steinbecken schöpft. Ein Schritt durch die Tür, und man steht in einem Raum, der unendliche Ruhe und Klarheit ausstrahlt.

- Als erstes knien Gäste und Gastgeber für einen Moment in Ehrerbietung nieder. Dann lassen sich alle auf präzise im Raum ausgelegte, dünne Matten nieder: Eine Matte ist für Gastgeber und Hauptgast bestimmt, eine zweite für weitere Gäste. Eine dritte Matte ist für die Geräte reserviert. Die vierte Matte bleibt leer. Sie liegt vor einigen wertvollen Dingen, die kunstvoll arrangiert sind – zum Beispiel eine Schriftrolle, eine Vase mit Blumen, ein Räuchergefäß.

- In langsamen, fast liebevollen Bewegungen setzt der Gastgeber zartes Teegeschirr und die Geräte – einen Teeschläger aus Bambus, die Teedose, Teelöffel, Schöpfkelle und Wasserkessel – auf die dafür vorgesehene Matte.

- Auf einem in den Boden eingelassenen Herd erhitzt er Wasser, gibt einen Löffel Matcha (pulverisierter Grüntee) in eine Schale und gießt eine Kelle heißes Wasser dazu. Dann werden Teepulver und Wasser mit dem Besen schaumig geschlagen.

- Jetzt reicht der Gastgeber die Schale an die Gäste weiter. Jeder Gast trinkt und reinigt dann die Schale mit einem Tuch, bevor er sie an den nächsten weitergibt. Jede Bewegung soll elegant und exakt sein. Erst nachdem die erste Teeschale gemeinsam geleert wurde, bereitet der Gastgeber weiteren Tee zu.

Diese einfache Zeremonie dauert etwa eineinhalb Stunden. Bis zu vier Stunden nimmt man sich für die größere Zeremonie Zeit, bei der die Gäste mit köstlichen Speisen bewirtet werden.

Teezeremonie – mal europäisch

Abgesehen davon, daß eine traditionelle Teezeremonie in jahrelanger Ausbildung erlernt werden muß, ist sie ziemlich aufwendig. Ein wenig abgespeckt können Sie die Kunst des Teetrinkens aber auch bei sich zu Hause mit Gästen oder alleine ausprobieren und genießen.

Wichtig: das Drumherum

Wichtig ist ein niedriger Tisch (alle Teilnehmer müssen auf dem Boden knien). Wenn Sie keinen auftreiben können, tut es auch ein Holzbrett, das Sie auf zwei Kisten legen und unter einer Tischdecke verstecken. Zum Daraufsitzen verteilen Sie Kissen auf dem Boden. Verhängen Sie die Fenster mit luftigen Stoffbahnen in pastelligen und erdigen Farben. Wasserschalen mit schwimmenden Blüten und Kerzen verzaubern die Atmosphäre. Dazu noch Räucherkerzen – und die Stimmung ist perfekt.

Und so geht's

1. Stellen Sie das aufgekochte Wasser, die vorgewärmte Teekanne und die Teeschalen bereit. Dann erstmal innerlich sammeln, Hast und Eile bleiben vor der Tür.
2. Bereiten Sie Matcha zu, wie beschrieben, oder einen anderen Grüntee (Seite 11).
3. Reichen Sie jedem Ihrer Gäste eine Teeschale, und genießen Sie den Tee andächtig in kleinen Schlucken.

Das brauchen Sie für eine Teezeremonie: Matcha-Tee, heißes Wasser, einen Bambusquirl, Teeschalen – dazu Ruhe und Konzentration.

Gesucht – gefunden

Hilfreiche Adressen

Versender von Kombucha-Pilzen

Brigitte Schacht
Bültener Weg 11
D-28857 Syke-Barrien
Tel. 04242 / 7 72 65
Fax 04242 / 93 65 25

Inke Barysch
Bärnreutherweg 12
D-95460 Bad Berneck
Tel. 09273 / 57 47 70
Fax 09273 / 61 82

Fa. Rüdiger O. Schlegel
In der Betz 16
D-57520 Harbach/Sieg
Tel. 02734 / 57 17 18
Fax 02734 / 57 17 19

Interpilz
Dr. Meixner GmbH
Sonntagweg 6 c
D-70569 Stuttgart
Tel. 0711 / 6 87 66 06
Fax 0711 / 6 78 83 80

Neues Leben
Versand von Naturheilmitteln
Im Schweizer 16
D-73266 Bissingen / Teck
Tel. 07023 / 74 13 30
Fax 07023 / 74 12 78

Buchtips

Mehr über Tees

Bodensteiner, Susanne: Tee in aller Welt; Gräfe und Unzer Verlag, München

Braunschweig, Ruth von / Höhne, Anita: Pu-Erh-Tee. Natürlich schlank und gesund; Gräfe und Unzer Verlag, München

Kittler, Martina: Tee leicht gemacht; Gräfe und Unzer Verlag, München

Lübeck, Walter: Heilen mit Lapacho-Tee; Windpferd Verlag, Aitrang

Teufl, Cornelia: Tee – Die kleine Schule; Zabert Sandmann Verlag, München

Schwarz, Aljoscha / Schweppe, Ronald: Grüner Tee. Lebenselixier für Körper und Seele; Gräfe und Unzer Verlag, München

Möhring, Wolfgang: Das große Buch der Heiltees; Südwest Verlag, München

Sesterhenn, Birgit: Kombucha. Der Powerdrink, der's in sich hat; Gräfe und Unzer Verlag, München

Mehr über Ayurveda

Schutt, Karin: Ayurveda. Sich jung fühlen ein Leben lang; Gräfe und Unzer Verlag, München

Verma, Dr. Vinod: Ayurveda. Der Weg des gesunden Lebens; O. W. Barth Vlg., München/Wien

Mehr über den Mond

Paungger, Johanna / Poppe, Thomas: Vom richtigen Zeitpunkt; Heyne Verlag, München

Holdau, Felicitas / Werner, Monika: Magic Moon. Schönheitspflege im Mondrhythmus; Gräfe und Unzer Verlag, München

Sachregister

Die Autorin

Christina Kempe befaßt sich seit vielen Jahren mit dem Thema Food, es ist eine ihrer großen Leidenschaften. Nach einem Studium der Ernährung und Hauswirtschaft war sie in zahlreichen namhaften Verlagen, Fotostudios und einer Food-Agentur beschäftigt.
Jetzt arbeitet sie als freie Autorin und Redakteurin sowie als Foodstylistin in München. Es sind bereits mehrere Kochbücher von ihr erschienen.

Wichtiger Hinweis

Die Ratschläge des vorliegenden Buches wurden sorgfältig recherchiert und haben sich in der Praxis bewährt. Alle Leserinnen und Leser sind jedoch aufgefordert, selbst zu entscheiden, ob und inwieweit sie die Anregungen aus diesem Buch umsetzen wollen. Autorin und Verlag übernehmen keine Haftung für die Resultate.

Bildnachweis

Fotos, einschließlich Titelbild: Tom Roch

Weitere Fotos:
Bavaria: Seite 26; GU: Seite 39 (Reiner Schmitz); Mauritius: Seite 13, 16 (Fichtl), 33 (Age), 41 (Nägele); Pictor Uniphoto: Seite 44; Nils Reinhard: Seite 3 oben links; Reinhard Tierfoto: Seite 21, 24 (Hans Reinhard); Stock Market: Seite 2 oben links, 15 (Jim Flynn), 22 (M. Panci), 23 (David Raymer), 45 (Robert Frerck); Tony Stone: Seite 5 (Chris Baker), 8 (Will Curtis); Zefa: Seite 1 (G. Kufner)

Impressum

Projektleitung:
Angela Hermann-Heene
Redaktion: Angela Hermann-Heene, Felicitas Holdau
Umschlag- und Innenlayout:
Heinz Kraxenberger
Herstellung:
Susanne Mühldorfer
Lithos: Fotolito Longo, Bozen
Druck/Bindung: Alcione, Trento

ISBN 3-7742-1697-5

Auflage	5.	4.	3.	2.	1.
Jahr	03	02	01	00	99